हंसमुख बिजूका

लेखन: जीन ऐ. मोदी
चित्रांकन: जगदीश जोशी

चिल्ड्रन्स बुक ट्रस्ट, नई दिल्ली

चिड़ियों और कौओं को डरानेवाला एक बिजूका था। उसका नाम रैग्स था। रैग्स खेत के बीचों-बीच खड़ा था। उस खेत में एक तरफ सब्ज़ी और दूसरी ओर मक्का उगी हुई थी जब तेज़ हवा चलती तो रैग्स की लम्बी-लम्बी बाहें ज़ोर-ज़ोर से फड़फड़ातीं।

रैग्स बड़ा दुखी था क्यों कि कोई भी जानवर या चिड़िया उससे नहीं डरते थे। रात में खरगोश सब्ज़ी की क्यारी में घुस जाते थे और रसीली गाजरों और शलजमों को मज़ा ले लेकर खा लेते थे।

छोटी-छोटी चिड़ियां भी खुशी से चीं-चीं करती हुई उसे चिढ़ाती थीं और अपने घोंसलों के लिए बिजूका रैग्स के बदन में से घास के तिनके खींच ले जातीं थीं। बेचारा रैग्स चुपचाप खड़ा ताकता रहता।

उसका एक दोस्त था विस्कर चूहा। उसने रैग्स के फटे हुए कोट की बांह में अपना घर बना लिया था। वह बहुत दिनों से वहां रह रहा था। विस्कर अपने घर से सब कुछ देख सकता था।

एक दिन सुबह–सुबह जब चिड़ियां चहचहा रही थीं तो विस्कर, रैग्स के कोट की बांह में से बाहर निकला।

विस्कर ने तार के बने हुए बिजूका रैग्स पर ऊपर–नीचे दौड़ लगाई और फिर वह उसके कन्धे पर बैठ गया।

उसने रैग्स का उदासी से भरा चेहरा देखा।

विस्कर समझ गया कि बिजूका रैग्स क्यों दुखी है। क्योंकि जब किसान ने अपनी गाजर की क्यारी को तहस–नहस देखा तो उसे रैग्स पर बहुत गुस्सा आया। उसने रैग्स से कहा, "मैं तुम्हें उठाकर फेंक दूंगा।"

यह सुनकर विस्कर परेशान हो गया। इसका मतलब यह था कि विस्कर भी अपना घर खो बैठेगा। बेशक रैग्स फटेहाल और गन्दा था, लेकिन रैग्स की बांह के भीतर विस्कर का घर गर्म और मज़ेदार था। विस्कर चूहा इस मुसीबत का हल सोचने लगा।

अब उसे ही कुछ करना होगा। उसने रैग्स से कहा, "रैग्स, देखना कल से यही दुनिया तुम्हें बहुत अच्छी लगेगी। मेरी एक सहेली परी है। उसका नाम शबनम है। मैं उससे मदद करने के लिए कहूंगा। वह हम दोनों के लिए कोई न कोई उपाय ज़रूर सोच निकालेगी।"

शबनम एक नन्ही परी थी। वह नदी के किनारे एक पीले गुलाब में रहती थी। वह सुबह–सुबह एक फूल से दूसरे पर जाकर फूलों को जगा देती थी। फूलों की

प्यास बुझाने के लिए उनके ऊपर वह ओस की बूंदें गिरा देती थी। वह चिड़ियों से बातें करती और फिर खेत के चूहों से भी खेलती। वे सब भी उसे बहुत प्यार करते थे। कभी-कभी शबनम परी नदी के किनारे लेट जाती और सूरज की

किरणों और नदी की लहरों का खेल देखती रहती।

विस्कर चूहा, शबनम परी को ढूढ़ने नदी के किनारे गया। शबनम ने उसे देखा और हँसकर पूछा, "विस्कर तुम इतने परेशान क्यों लग रहे हो? क्या बात है? मैं कुछ मदद करूं?"

विस्कर ने शबनम को अपनी और पुतले की उदासी की कहानी कह सुनाई।

शबनम ने कुछ देर सोचा, फिर शबनम बोली, "मैं अपने जादू से बिजूका रैग्स को कुछ देर के लिए आज रात को और फिर कुछ देर के लिए कल दिन में ज़िन्दा कर दूंगी। जब वह ज़िन्दा होगा, वह सब चिड़ियों और खरगोशों को डराकर भगा देगा। वही सब किसान की खेती बरबाद कर देते हैं। जब ज़िन्दा रैग्स उनको भगा देगा, तब किसान बड़ा खुश होगा। वह रैग्स को वहीं रहने देगा और तुम भी अपने घर में मज़े से रह सकोगे।"

"तब तो बहुत अच्छा होगा," विस्कर चूहा बोला।

उसी रात खरगोशनी अपने परिवार के साथ दावत में जाने के लिए बिल में से निकली।

मीठी रसदार गाजरों, हरी-हरी सलाद और ताज़ी फलियों के डन्ठलों के बारे में सोचकर खरगोशनी बड़ी तेजी से चलने लगी। पहले वह बाड़ के नीचे से निकली फिर तारों पर से कूदी, फिर सब के सब क्यारी में जा पहुंचे। खरगोशनी ने रैग्स की ओर देखा और बन्दगोभी खाने लगी। उसके बच्चों ने तो घास और लकड़ी के बने रैग्स को देखा भी नहीं। वे मज़े से हरी-हरी सलाद खाने लगे।

उसी समय एक डरावनी छाया लम्बी बांहें फैलाये उन पर पड़ी।

बच्चों की माँ खरगोशनी डर गई उसने सोचा, 'यह रैग्स की तरह कौन है।'

उसने ज़मीन पर अपनी पूंछ को ज़ोर-ज़ोर से मारा जिससे सब खरगोश भाग कर बिल में घुस जायें। पर कोई भी नहीं भाग पाया। उन लम्बे हाथों ने बच्चों को पकड़ कर ऊंचा उठाया और खेत से बाहर फेंक दिया।

खरगोशनी मां डर के मारे सिर पर पैर रखकर भागी। लेकिन रैग्स ने उसका पीछा किया। खरगोशनी मां एक बिल में घुस गई। वहां उसने लम्बी बांहों की हँसी सुनी। वह थक गई थी और हांफ रही थी। घर में बहुत नीचे जाकर वह आराम करने लगी। वह अपने बच्चों के बारे में सोच रही थी। उसकी आंखों में से आंसू बहकर उसके चेहरे पर ढुलक रहे थे। वह सोच रही थी

कि यह कौन उसका शत्रु है?

वह लग तो बिजूका रैग्स की तरह था पर बिजूका रैग्स ने तो कभी किसी को नहीं डराया। क्या वह ज़िन्दा हो गया है? वह बहुत डर गई।

सुबह होते ही खरगोशनी अपने बच्चों को लेकर वहां से भाग गई।

रैग्स बहुत खुश था कि उसने खरगोशों को डराकर भगा दिया और सब्ज़ी की क्यारियों को बचा लिया।

विस्कर अपने दोस्त को खुश देखकर बहुत खुश हुआ। बिजूका रैग्स अपनी जगह पर ही खड़ा रहा ओर सब आनेवालों को देखता रहा।

जब सुबह हुई तो रैग्स ने पंखों की फड़फड़ाहट सुनी। नन्ही-नन्ही चिड़ियां आकर मक्का के भुट्टों पर आराम से बैठ गईं और दाना चुगने लगीं।

रैग्स ज़िन्दा था। वह गुस्से से लाल-पीला हो गया। वह चुपचाप आगे बढ़ा और अपनी लम्बी-लम्बी बांहों से चिड़ियों को मारने लगा। चिड़ियां भी डरकर उड़ गयीं।

जैसे-जैसे सूरज आकाश में ऊंचा होता गया रैग्स को लगा कि उस की आंखें पथरा गईं। वह कुछ सुन भी नहीं सकता था। अब वह फिर से बिजूका बन गया था।